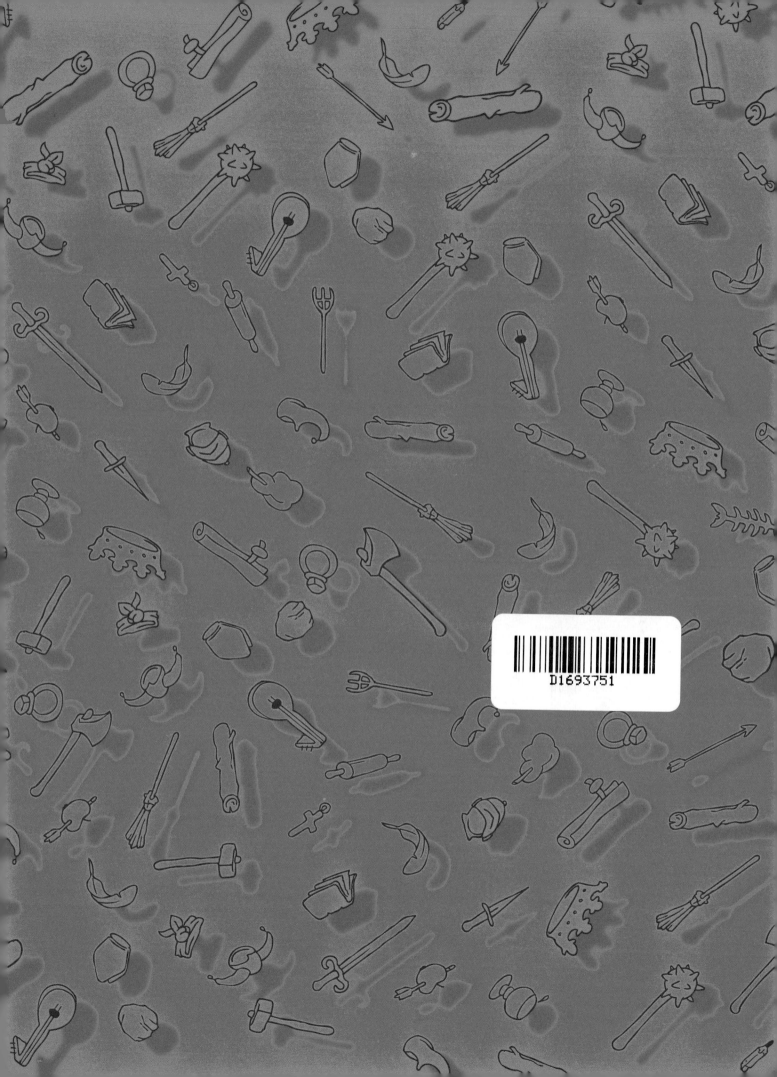

MARTIN WEISS & ROLF WILLI   SCHWEIZER GESCHICHTE(N) BAND 2

DIE MUNGGENSTALDER
AM MORGARTEN

orell füssli

ISBN 978-3-280-03494-1
1. Auflage 2015

IMPRESSUM
Die Munggenstalder am Morgarten
Idee, Konzept, Text: Martin Weiss
Illustrationen: Rolf Willi
Lektorat: Marc Zollinger
© 2015 Orell Füssli Verlag AG, Orell Füssli Kinderbuch
Zürich, Schweiz
www.ofv.ch

Alle Rechte vorbehalten
Druck: In der ehemaligen habsburgischen Markgrafschaft Krain, heute Slowenien

Ein Saubannerzug war das!
Ein ungehöriger Kirchenfrevel!
Gott wird uns strafen!

Wir schreiben das Jahr 1315.

Ziemlich genau ein Jahr ist vergangen, seit die Schwyzer das Kloster Einsiedeln gestürmt haben. Es war ein regelrechter Saubannerzug, bei dem die Kirche geschändet, Klosterschätze gestohlen, Urkunden verbrannt und Mönche gefangen genommen wurden. Nicht alle im Volk fanden dies gut. Vor allem die Frauen, allen voran Gertrud von Stauffacher, die Frau des Schwyzer Landammanns, reagierten aufgebracht und hatten Erfolg: Ende März 1314 wurden die Mönche nach dreimonatiger Gefangenschaft wieder freigelassen. Doch der Konflikt war damit keineswegs zu Ende! Der vom Bischof von Konstanz verhängte Kirchenbann blieb bestehen, mehr noch: Nun wurde er auch noch über die Urner und Unterwaldner verhängt, obwohl die am Klostersturm gar nicht beteiligt gewesen waren. Dies traf die Gläubigen in den Waldstätten schwer. Alle befürchteten, nun direkt in die Hölle zu kommen.
    Auch die von den Habsburgern verhängte Wirtschaftssanktionen machte den Leuten zu schaffen. Nun konnten sie ihre Erzeugnisse auf den Märkten in Luzern und Zürich nicht mehr verkaufen. Und damit nicht genug: Wie eine dunkle Wolke hing die Angst über den Hütten, dass die Habsburger, die Schirmherren des Klosters Einsiedeln, einen Vergeltungsschlag führen könnten. Noch hatte Herzog Leopold nichts unternommen. Aber aufgeschoben war nicht aufgehoben. Irgendwann, das war auch den Munggenstaldern klar, chlöpfts – und zwar gewaltig.
    Die Frage ist nur wann ...

Das Heldentrio:

ANNEKÄTHY
Der Sonnenschein von Munggenstalden. Hat im ersten Band etwelche Bobööli der Dorfhelden mit Munggensalbe behandelt. Ihren grossen Auftritt hat sie aber erst jetzt: Die Schlacht am Morgarten naht ...

CHRIGI
Schwingt am liebsten das Tanzbein mit Annekäthy und auch im Sagmähl rum. Beim Sturm auf das Kloster Einsiedeln hat er wacker mitgeholfen. Doch das war nichts verglichen mit dem, was jetzt auf den Munggenstalder Prachtbrocken wartet: Herzog Leopold ist im Anmarsch ...

KÖBI
Der Jungspund im Dorf, für jeden Schabernack zu haben. Kommt in diesem Band so richtig auf Touren: Er testet Skis, löst mit seiner Steinschleuder die Schlacht am Morgarten aus und hat noch eine zündende Idee, die er allerdings für den Schluss aufspart ...

WEITERE MUNGGENSTALDER:

HAUDERI
Der Chef im Dorf. Nimmt vor der Schlacht einen besonders kräftigen Schluck Chriesiwasser. Vielleicht auch zwei oder drei. Man munkelt nämlich, er habe bei der Schlacht eine derartige Fahne gehabt, dass die Ritter nur schon deswegen reihenweise von den Pferden kippten.

HEIDI
Die Frau vom Hauderi und die Mama des Dorfs. Die begnadete Köchin freut sich vor allem aus kulinarischen Gründen auf die Schlacht. Sie hat sich für das historische Ereignis ein besonders urchiges Festmahl ausgedacht…

FLADEXAVER
Der Dorfpoet. Versucht, die Geschehnisse in blumige Worte zu fassen, die ihm aber des Öfteren ausgehen. Stets kommt ihm einer von Vronis schlipfrigen Kuhfladen in die Quere. Lernt in diesem Band den Hofnarren des Herzogs kennen.

CHLEFELER
Der Dorfmusiker, auch Lauterhampel genannt. Läuft bei der Schlacht am Morgarten zur Hochform auf: Das Geplinggeplong der Steine, welche die Helden auf die gepanzerten Ritter werfen, inspiriert ihn zum berühmten „Morgarten-Rap", den wir auf Seite 30 exklusiv abdrucken. So gut es geht, denn von dieser genialen Komposition ist nur eine einzige Note erhalten.

BÄCHELI
Der beste Fischer weit und breit, Liebling aller Forellen in der Alpel. Geht den Einsiedler Mönchen gehörig auf die Nerven, weil er ihnen die Fische vor der Nase wegschnappt. Freut sich wie ein Alpenkalb auf den Ausflug nach Morgarten, weil im Ägerisee Hechte und Saiblinge auf ihn warten.

ISEHANS
Der Schmied in Munggenstalden, ein Urner. Liefert die Hellebarden für die Helden und ist der Zeit voraus: Er hat eine Hellebarde mit einem zusätzlichen Haken erfunden, mit dem man die Ritter besonders wunderbar prächtig von ihren hohen Rössern holen kann.

HOLZERKUDI
Der Holzer im Dorf. Ist für die Baumstämme zuständig, die von den Schwyzern bei der Schlacht am Morgarten die Hänge heruntergerollt werden und die Herren Ritter aus dem Tritt bringen. Eine bäumige Methode, die später auf allen Schlachtengemälden mit immer noch grösseren Baumstämmen abgefeiert wird.

CHRÜÜTLISTINE
Annekäthys Mutter, Kräuterfrau und Wetterfrosch. Kommt ursprünglich aus dem Muotathal. Betrachtet den Bischof von Konstanz als bösen Geist, weil der ständig den Kirchenbann über die Schwyzer verhängt. Die Einzige im Dorf, die weiss, wo das Teufelskraut wächst, das dann im 3. Comic-Band eine zentrale Rolle spielen wird.

REISLÄUFER
Kari und Seppi, die beiden Haudegen, die beim Italienfeldzug von Kaiser Heinrich VII. dabei waren, sind die Profis im Team. Sie leiten den Angriff im unteren Hinterhalt und verstehen es besonders gut, die Ritter auf die Hellebarden zu spiessen.

VRONI
Die einzige Kuh im Dorf. Kommt in den Morgarten-Chroniken nicht vor, spielt aber eine zentrale Rolle: Sie platziert ihre Kuhfladen hochpräzise und ausnahmsweise am richtigen Ort: auf dem engen, steilen Weg, auf dem das Heer Leopolds Richtung Sattel marschiert.

DIE VERBÜNDETEN:

DIE BRÜDER STAUFFACHER*
Werner, der Landammann von Schwyz, und sein Bruder Heinrich, der den Saubannerzug beim Klostersturm anführte. Die führenden Köpfe auf der Seite der Schwyzer. Sie haben die Schlachtstrategie mit den Hinterhalten, den herabrollenden Steinbrocken und Holzträmeln ausgeheckt.

WALTER FÜRST* UND ARNOLD VON MELCHTAL*
Landammänner, der eine aus Uri, der andere aus Unterwalden. Der Legende nach bildeten sie mit Werner Stauffacher zusammen das Trio beim Rütlischwur im Jahr 1291. Konnten sich erst in letzter Minute entschliessen, den Schwyzern in der Schlacht am Morgarten beizustehen.

IN RAPPERSWIL:

WERNER VON HOMBERG*
Kriegsführer, Minnesänger, Reichsvogt in den Waldstätten. Hat die Schwyzer ermuntert, Leopold entgegenzutreten. Gilt als Drahtzieher, wann immer Aktionen gegen die Habsburger anstehen. War in Morgarten nicht dabei, weil er auf seiner Burg ein bedeutendes höfisches Werk dichten und danach nach Strassburg reisen musste.

DIE GEGENSPIELER:

HERZOG LEOPOLD I*
Genannt das „Schwert Habsburgs", Schutzvogt des Klosters Einsiedeln. Um den Schwyzern zu zeigen, wo „Bartli den Most holt", zieht er am 15. November 1315 mit einem mehrere Tausend Mann zählenden Heer von Zug aus dem Ägerisee entlang Richtung Sattel und bekommt gehörig aufs Dach.

KUONY VON STOCKEN
Leopolds Hofnarr. Warnt den Herzog vor Morgarten, was dieser jedoch nicht ernst nimmt. Noch vor dem Schlachtende kann sich Kuony mit seinem Chef absetzen. Sie fliehen und reiten „am Boden zerstört" ins habsburgische Winterthur.

DER KLERUS:

GERHARD VON BEVAR*
Bischof von Konstanz. Hatte nach dem Klostersturm den Kirchenbann über alle drei Waldstätten verhängt, was ein kapitaler Fehler war: Damit hat er Schwyz, Uri und Unterwalden nur noch enger zusammengeschweisst.

JOHANNES VON SCHWANDEN*
Der Abt des Klosters Einsiedeln. Am Tag der Schlacht hält er seine Brüder an, Gebete gen Himmel zu schicken. Entweder waren es die falschen, oder die zuständigen Herren „dort oben" waren anderweitig beschäftigt. Genützt haben die Gebete jedenfalls nichts.

JOHANNES VON REGENSBERG*
Die rechte Hand des Abts. Seit dem Klostersturm gar nicht gut auf die Schwyzer zu sprechen, weil er von ihnen gefangen genommen wurde und drei Wochen lang auf seinen geliebten „Completer" (Weisswein) verzichten musste.

RUDOLF VON RADEGG*
Mönch und Chronist, hat den Klostersturm in seinem Gedicht „Capella Heremitana" ausführlich geschildert und die Schwyzer darin als „Bestien" bezeichnet (siehe Comic-Band 1). Ist masslos enttäuscht, dass die „Bauerntölpel" die Schlacht gewinnen und schreibt keine einzige Zeile darüber.

MALEFIZIUS BOMBASTICUS
Wird seiner Rolle als Bösewicht und Spion des Klosters gerecht: Er beobachtet das Schlachtgetümmel und berichtet dem Abt brühwarm, dass die Gebete nicht erhört wurden.

* Historisch verbürgte Figuren

* Der historisch geübte Leser weiss: Die Schi (= Ski) wurden natürlich nicht in Munggenstalden, sondern in Skandinavien erfunden, und dies bereits vor 3200 Jahren.

Nicht nur in Munggenstalden, in ganz Europa kam es im Sommer und Herbst 1315 zu sintflutartigen Regenfällen. Die Flüsse und Seen traten über die Ufer, Ernten wurden zerstört, Rinder starben... Es war ein Rückfall ins finsterste Mittelalter: Die Menschen assen Ratten, Hunde, sogar Leichen... Millionen von Menschen starben. Das Jahr 1315 ging als das Jahr des „Grossen Hungers" in die Annalen ein.

* Anspielung auf Hesiods Werk „Theogonie", in welcher der Kampf der Götter gegen die Titanen dargestellt wird.

* Hütet Euch vor dem Köbi (lat.: Iacobus)! stoppt diesen Woodoo-Zauber!

* Heinrich Stauffacher, der Bruder des Landammanns der Schwyzer
** Letzi (Mehrzahl: Letzinen), befestigte Talsperre mit Mauern, später auch mit Türmen

* Aufgepasst: Gemeint sind Mücken, im Gegensatz zu „Munggen" = Murmeltiere.

* Der Legende nach soll Heinrich von Hünenberg, ein Adliger mit einer Burg nördlich des Zugersees, die Schwyzer gewarnt haben. In der Legende schoss er den Pfeil allerdings über die Letzi in Arth.

* Der Herr sei mit Euch!

* Die Schwyzer legten zwei Hinterhalte, um die Habsburger in die Zange zu nehmen (siehe auch Anhang S. 49).

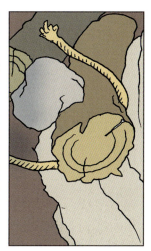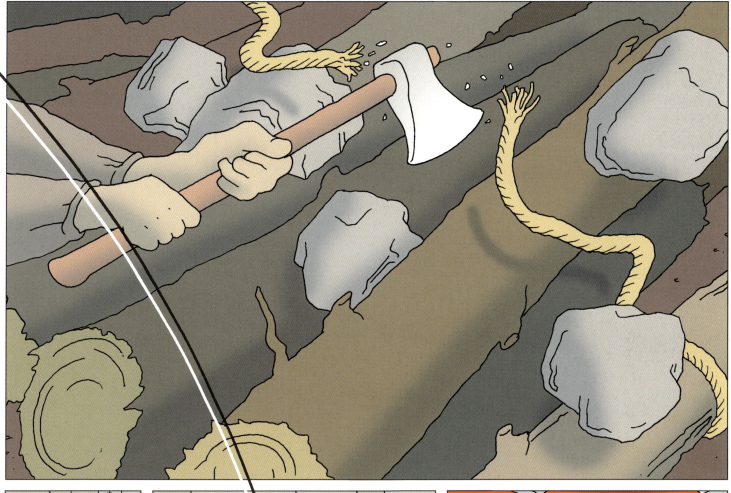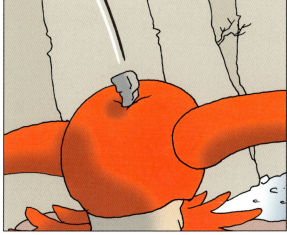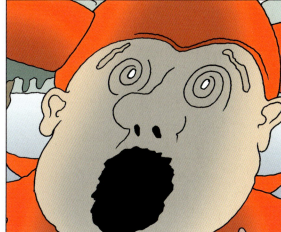

* Hallo? Wie kann Fladexaver das wissen?
Das von Ferdinand Wagner gemalte Schlachtgemälde am Rathaus in Schwyz entstand erst 1891...

* Hallo! Wo sind wir jetzt? In Casablanca ...?

* Deutschschweizer Dialektausdruck für Vollrausch, gemäss Idiotikon auch in der Bedeutung von Tölpel (nicht zu verwechseln mit dem gleichnamigen Wein sizilianischer Provenienz).

* Etter waren einfache Zäune aus Eichenpfosten, die mit Weidenruten verbunden wurden.

* Strophe aus dem Lied „Dies irae" (Zorn Gottes): Seufzend steh ich schuldbefangen, schamrot glühen meine Wangen, befreie sie aus dem Maul des Löwen, auf dass die Unterwelt sie verschlinge.

WIE ES WIRKLICH WAR...

Vronis Kuhfladen...? Nun ja, die sind tatsächlich Mist. Nicht aber unsere Story, lieber Fladexaver! Wir haben uns zwar auch in diesem Band wieder etliche erzählerische Freiheiten erlaubt: Vronis „Kunstwerke" zum Beispiel sind weltberühmt, aber historisch nicht verbürgt. Desgleichen die Erfindung der Ski durch die Munggenstalder. Oder Chlefelers Rap „Däpling, däplong...".

Die Schlacht am Morgarten aber, die hat tatsächlich stattgefunden. Auch das Datum stimmt: Es war der 15. November 1315!

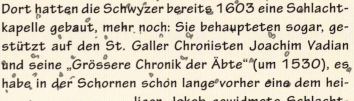

Stimmt, denn es gibt keine Berichte von Augenzeugen! Die erste schriftliche Erwähnung der Schlacht erfolgt erst ein Jahr später und stammt von einem Abt aus Böhmen, der selber nicht dabei war. Über den Schauplatz der Schlacht wurde deshalb kräftig spekuliert und lange gestritten.

Die Zuger hätten die Schlacht gerne auf ihrer Kantonsseite gewusst. Dabei stützten sie sich auf Johannes von Winterthur, der 1340 in seiner Chronik schrieb, die Schlacht habe am Ägerisee stattgefunden. Also erklärten sie das Buechwäldli auf Zuger Boden zum Schlachtort und erstellten dort 1907 auch das Morgartendenkmal.

Die Schwyzer protestierten und nahmen an der Einweihung des Denkmals nicht teil. Schliesslich – so führten sie ins Feld – habe der Luzerner Chronist Hans Fründ in seiner 1447 erschienenen Chronik klar und eindeutig festgehalten, die Schlacht *sey gesin jn Switz ze Schefstetten uff dem Sattel*. Damit war das Gebiet bei der Schornen gemeint.

Dort hatten die Schwyzer bereits 1603 eine Schlachtkapelle gebaut, mehr noch: Sie behaupteten sogar, gestützt auf den St. Galler Chronisten Joachim Vadian und seine „Grössere Chronik der Äbte"(um 1530), es habe in der Schornen schon lange vorher eine dem heiligen Jakob gewidmete Schlachtkapelle gegeben.

Obwohl einige Zuger heftig dagegen protestierten, fand die 1815 abgehaltene Gedenkfeier zum 500-jährigen Jubiläum der Schlacht nicht beim Morgartendenkmal, sondern in der Schornen auf Schwyzer Boden statt.

Die „Schlacht nach der Schlacht" dauerte Jahrzehnte. Erst in den 1970er-Jahren konnten sich die Schwyzer und Zuger auf einen Kompromiss einigen, der noch heute gilt: Die Schlacht ging zur Hauptsache bei der Schornen über die Bühne. Zahlreiche flüchtende Gegner wurden aber auf Zuger Boden attackiert und in den Ägerisee gedrängt. Also fand die Schlacht auf Schwyzer und auf Zuger Boden statt. Damit sind nun alle zufrieden.

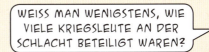

Die Zahlen, die von den Chronisten genannt werden, gehen weit auseinander. Johannes von Winterthur spricht von 1500 Habsburgern, die getötet worden seien. Peter von Zittau, der als Erster die Schlacht erwähnt, spricht von 2000. Andere Quellen gehen von 9000 aus. Bei den Schwyzern sollen es gemäss Christof Hegner 600, laut Aegidius Tschudi 1500 gewesen sein. Sämtliche Chronisten schrieben ihre Texte jedoch erst lange nach der Schlacht, deshalb bleibt auch die Grösse der Heere reine Spekulation.

SUMPFIGES GELÄNDE

Was man heute weiss: Der Seespiegel des Aegerisees lag damals zwei bis drei Meter höher. Das Gebiet vom Ufer bis fast zu der Schornen bestand aus Sumpf. Vermutlich gab es oben noch sumpfige Gebiete und sogar kleinere Seen. Denn vergessen wir nicht: 1315 war das Jahr des „Grossen Hungers". Bis in den Herbst hinein gab es starke Regengüsse. Auch der Trombach war damals kein derart gesittetes Bächlein, wie er es heute ist. Möglicherweise teilte er sich in mehrere kleinere Wasserläufe auf. All dies führte dazu, dass die Kriegsleute Leopolds nur mühsam vorankamen und es kaum Fluchtwege gab.

STIMMT GENAU! ICH WAR JA DABEI! NOCH FRAGEN?

STRAFAKTION WEGEN DES KLOSTERSTURMS?

Die naheliegendste Erklärung ist: Leopold wollte die Schwyzer bestrafen, weil sie in der Dreikönigsnacht 1314 das Kloster gestürmt hatten (siehe Band 1, „Die Munggenstalder und der Klostersturm"). Die Habsburger waren die Schutzvögte des Klosters und somit für die Sicherheit und die Wahrung des Besitzstandes des Stifts zuständig. Da etliche von Leopolds Leuten Stricke dabei hatten, planten sie möglicherweise, das Vieh der Schwyzer wegzuführen und die Hütten der Bauern zu zerstören. Dafür hätte ein kleines Heer genügt.

STREIT UNTER ADLIGEN?

Einen zweiten Grund vermutete der 2010 verstorbene Schweizer Historiker Roger Sablonier: Der Zug Leopolds habe sich auch gegen Werner von Homberg gerichtet, der auf Grund seiner Erbschaft behauptete, der rechtmässige Schutzherr des Klosters und damit der einträglichen Pfründe zu sein. Homberg war damals Reichsvogt der Waldstätte und stand zumindest noch einige Monate vor der Schlacht auf der Seite der Schwyzer.

MACHTKAMPF UNTER KÖNIGSANWÄRTERN?

Und schliesslich könnte es sogar noch einen dritten Grund gegeben haben: Leopolds Bruder, Friedrich der Schöne von Habsburg, stand im Thronstreit gegen den Wittelsbacher Ludwig der Bayer. Für die Schwyzer war Ludwig der rechtmässige König. Von ihm liessen sie sich auch die Reichsfreiheit bestätigen. Diese Parteinahme dürfte den Habsburgern sicher nicht gepasst haben. Vielleicht wollten sie der Welt zeigen: Wir sind die Herren im Land, wir haben alles im Griff, sogar diese aufmüpfigen Bauern im hintersten Zipfel des Reichs. Präsenz markieren war für die Inhaber der Macht im Mittelalter entscheidend. Wer seine Macht nicht demonstrierte, war kein richtiger Grundherr. Deshalb reisten auch die Könige und Kaiser viel herum und hielten Hof an immer wieder anderen Orten.

Was also war ausschlaggebend: Der Thronstreit? Der Adelsstreit? Der Klostersturm? Oder alle drei zusammen?

Der Historiker Kilian D. Grütter hat eine weitere Theorie zur Diskussion gestellt*: Ausgehend von den vielen adligen Gefallenen, die später namentlich in verschiedenen Totenlisten erscheinen – darunter Rudolf von Landenberg, Graf Friedrich von Toggenburg, Hartmann von Stein, Heinrich von Hospental oder Cunrad Beroldinger –, geht er von einer Verschwörung aus.

Leopold habe sich heimlich mit den Schwyzern verbündet, um all die Adligen buchstäblich auf die Schlachtbank zu führen. Denn erstens wurden die Kleinfürsten damals immer unbequemer, und zweitens konnte er so all die einträglichen Lehen neu verteilen. Grütter stützt seine Theorie auf den Umstand, dass es merkwürdig sei, dass Leopold nach dem Klostersturm fast zwei Jahre zugewartet habe, um einzugreifen. Er, das „Schwert Habsburgs", der doch sonst immer rasch und hart eingriff. Zum Beispiel, als er den Mord an seinem Vater Albrecht auf rigorose Art rächte.

Aber war Leopold tatsächlich ein derart raffinierter Taktiker? Und die Schwyzer? Hätten sie sich tatsächlich auf einen derart schmutzigen Handel eingelassen?

Fladexaver, der Munggenstalder Dorfchronist, schüttelt den Kopf. Liegt das nur an den Fliegen...?

---

* Nachzulesen im Schwyzer Magazin „Y-MAG", Nr. 11, 1214

DIE SCHLACHT

Die Schwyzer legten zwei Hinterhalte:

1 Der erste lag beidseits des schmalen Wegs zwischen der Tschupplen und der Finsternfluh. Hier lagen die Eidgenossen versteckt in den Hügeln.

2 Der zweite Hinterhalt lag weiter oben zwischen der Figlenfluh und Schafstetten. Hier mussten die Ritter einen steilen Hohlweg passieren und waren „wie die Fische in einem Garn gefangen", wie es der Chronist Johannes von Winterthur später formulierte.

Als die ersten Ritter kurz vor Schafstetten angelangten, griffen die Eidgenossen aus dem oberen Hinterhalt an. Mit Steinen und herabrollenden Baumstämmen, so die Legende, überraschten sie die Gegner und gingen danach mit Hellebarden auf sie los. Im engen Gelände hatten die Ritter kaum Raum zur Gegenwehr. Viele versuchten, nach unten zu flüchten. Dies führte zu einem Chaos beim nachrückenden Fussvolk.

In diesem Moment gingen nun auch die Eidgenossen im unteren Hinterhalt zum Angriff über: Auch sie setzten Steine, herabrollende Baumstämme und Hellebarden ein. Viele Ritter stürzten in den See und ertranken.

Der Kampf muss kurz und brutal gewesen sein. Nur wenige Habsburger konnten entkommen, darunter Herzog Leopold und sein Hofnarr.

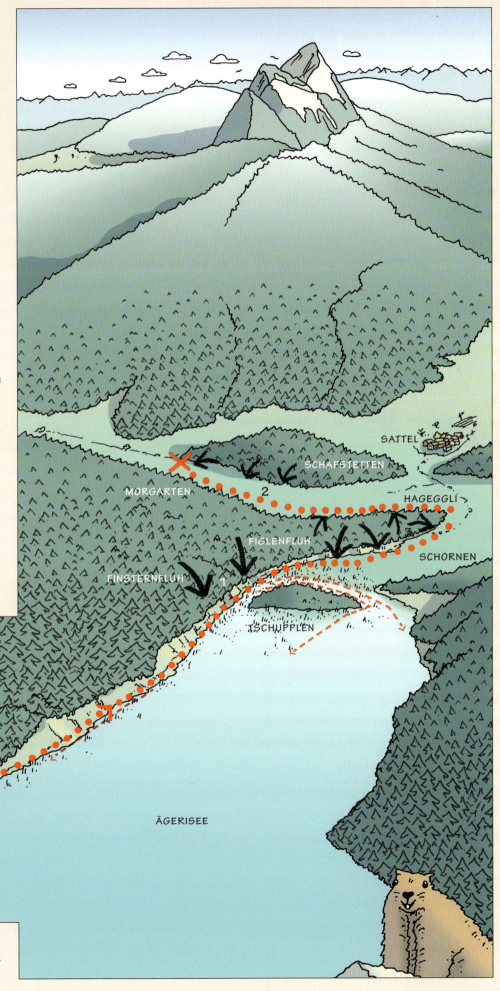

• • • • • WEG DER HABSBURGER
– – – – – FLUCHTWEGE DER HABSBURGER
→ ANGRIFFE DER SCHWYZER

WIE DIE STEINBÖCKE ...
Berichte über die Schlacht

... und besonders Friedrich ist in der Provinz welche Sweycz und Uherach genant wird durch das Schwert und im Fluß vernichtet worden.

PETER VON ZITTAU, 1316
Die früheste Schilderung der Schlacht findet sich in der „Königsaaler Chronik", verfasst im Jahr 1316. Darin behandelt Peter von Zittau, der Abt des gleichnamigen Zisterzienserklosters, die Geschichte Böhmens, verweist aber auch auf Ereignisse aus anderen Regionen. Sein Text über die Schlacht am Morgarten umfasst einen einzigen Satz und weist erst noch Fehler auf. So schreibt er, Friedrich – also Leopolds Bruder – habe das Heer angeführt und sei im Fluss (richtig wäre – wenn schon – im See) getötet worden. Mit „Uherach" meint er wohl das ganze Land Uri.

JOHANNES VON VICTRING, 1340
Ausführlicher und genauer berichtet der Zisterzienser Abt Johannes von Victring in der Chronik „Das Buch gewisser Geschichten" über die Schlacht. Victring verfasste das Werk im Auftrag der Habsburger, war also interessiert daran, Leopold als ritterlichen Edelmann darzustellen, der Opfer eines hinterlistigen Angriffs wurde.

(...) die in den Bergen wohnhaften Swicer (...) wollten ihre Freiheit schützen und standen mit andern benachbarten Gebirgsbewohnern in einem Bündnis, und gestatteten dem Herzog den Eintritt, leisteten aber sofort den in den Engen der Berge Eingeschlossenen Widerstand, indem sie wie Steinböcke von den Bergen niederstiegen, Steine warfen und die meisten töteten, welche weder sich verteidigen noch auf irgendwelche Weise entweichen konnten.

JOHANNES VON WINTERTHUR, 1342

Die ausführlichste Schilderung stammt vom Franziskanermönch Johannes von Winterthur, auch Vitoduran genannt. Zur Zeit der Schlacht war er 15 Jahre alt und erlebte damals mit, wie einige Winterthurer Kriegsleute nach der Schlacht nach Hause kamen. Mit dabei war nicht nur sein Vater, sondern auch Herzog Leopold, „halbtot vor übermässiger Trauer", wie Johannes bemerkt.

Die Beschreibung der Schlacht dürfte sich auf die Erzählung seines Vaters gestützt haben und wirkt wahrheitsgetreu. Allerdings war Johannes weniger an den Fakten als an der „Moral der Geschicht" interessiert. Er vergleicht den Sieg mit dem Kampf von David gegen Goliath und zitiert dazu ganze Textpassagen aus dem Bibeltext „Judith". Die Niederlage der Habsburger war für den Mönch die verdiente Strafe Gottes, weil die Fürsten zu hochmütig waren. Und die Schwyzer waren für ihn sozusagen das „strafende Werkzeug Gottes", allerdings ein teuflisches, weil die Schwyzer zuvor das Kloster Einsiedeln geschändet hatten. Einzig der Umstand, dass die Schwyzer vor der Schlacht noch beteten, fasteten und Prozessionen durchführten, legitimiert ihre Tat für Johannes. Ob sie dies tatsächlich taten, ist offen.

AUS DER CHRONIK DES JOHANNES VON WINTERTHUR*

In dieser Zeit, im Jahre des Herrn 1315, entzog sich ein Bauernvolk, das in den Tälern, Switz genannt, wohnte und überall von beinahe himmelhohen Bergen umgeben war, im Vertrauen auf den Schutz der sehr starken Bollwerke seiner Berge dem Gehorsam, den Steuern und den gewohnten Dienstleistungen, die es dem Herzog Lüpoldus schuldete und rüstete sich zum Widerstand gegen ihn. Da nun Herzog Lüpoldus dies nicht hinnehmen wollte, sammelte er in grossem Zorn ein Heer aus den ihm untertänigen Städten, um jene aufrührerischen Gebirgsbewohner zu bekämpfen, auszuplündern und zu unterjochen. In diesem Heere hatte der Herzog eine sehr starke und ausgewählte Ritterschaft (...) und da sie sich ihres Sieges und der Eroberung jenes Landes völlig sicher fühlten, führten sie zur Beraubung und Plünderung Stricke und Seile mit sich, um die Beute an Gross- und Kleinvieh daraus abzuführen. (...) Als nun die Schwyzer hörten von den Kriegsvorbereitungen, gerieten sie in Furcht, befestigten die schwächeren Stellen ihres Landes mit Mauern und Gräben und empfahlen sich mit Gebet, Fasten, Prozessionen und Litaneien Gottes. Sie stellten auch Wachen auf allen Pfaden und Zugängen ihres Landes.

Am Tag vor St. Othmar** wollte nun Herzog Lüpoldus mit seinen Kriegern zwischen einem Berg und einem See, genannt Egrersee, in das Land eindringen. Wegen der Steilheit und Höhe des Berges wurde er jedoch daran gehindert. Die edlen Ritter hatten sich aus Kampfbegierde in das Vordertreffen gestellt, hatten aber weder die Fähigkeit noch die Möglichkeit, den Berg zu besteigen, denn selbst die Fusssoldaten konnten dort kaum Fuss fassen, noch stehen. Die

---

* Quelle: www.morgarten.ch; gekürzte Übersetzung des lateinischen Texts aus der „Chronica", verfasst um 1342

** Der heilige Otmar von St. Gallen, Gründer und erster Abt des Klosters St. Gallen. Sein Gedenktag ist der 16. November.

Schwyzer aber wussten, durch eine Mitteilung des Grafen von Toggenburg zum Voraus, dass sie an jener Stelle angegriffen würden. Sie stürzten mutig und beherzt aus ihren Verstecken herunter und griffen die Feinde wie in einem Zuggarn gefangene Fische an und machten sie ohne jeglichen Widerstand nieder. Sie waren nach ihrer Gewohnheit an den Füssen mit Eisen versehen, mit welchen sie auf abschüssigen Bergen sicheren Stand fassen konnten, während ihre Feinde weder selbst, noch deren Pferde daselbst Fuss zu fassen vermochten.

Auch hatten die Schwyzer in ihren Händen gewisse Mordinstrumente, Gesen, in ihrer Sprache Hellebarden genannt, sehr schreckliche Instrumente, mit welchen sie auch die bestbewehrten Gegner wie mit einem Schermesser spalteten und in Stücke hieben. Niemanden verschonten sie, noch suchten sie jemanden gefangen zu nehmen. (...) Diejenigen aber, welche von ihnen nicht getötet wurden, versanken im See, durch welchen sie schwimmend den Feinden zu entkommen hofften.

Es wird berichtet, dass 1500 Mann in jenem Gemetzel umgekommen seien. Die im See Ertrunkenen nicht mitgerechnet. Wegen des Verlusts so vieler Ritter daselbst, war in den umliegenden Landen während längerer Zeit die Zahl der Ritter seltener. Von jeder einzelnen Bürgerschaft, jeder Burg und jedem Städtchen wurden mehrere getötet. Aus dem Städtchen Winterthur kam nur einer um, der sich von den andern getrennt und den Edelleuten angeschlossen hatte. Die Übrigen kehrten alle unversehrt nach Hause zurück. Mit ihnen kam auch Herzog Lüpoldus, er schien halbtot vor übermässiger Trauer. Das habe ich mit eigenen Augen gesehen, weil ich damals ein Schulknabe war und mit andern älteren Schülern meinem Vater vor das Tor mit Freuden entgegenlief. (...) Als der Kampf vorüber war, zogen die Schwyzer den Getöteten und Versunkenen die Waffen aus, plünderten auch ihre übrige Habe und bereicherten sich sehr an Waffen und Geld und beschlossen auch an jenem Tage, für den von Gott erhaltenen Sieg einen feierlichen Fest- und Feiertag jedes Jahr für immer zu begehen.

WER HAT DIE SCHWYZER ANGEFÜHRT?

Werner Stauffacher war damals Landammann von Schwyz. Auch wenn er in den Morgarten-Chroniken nirgends erwähnt wird, dürfte er es gewesen sein, der zusammen mit weiteren Führungsleuten aus der Oberschicht den Schlachtplan aushackte. Das Gelände war den Schwyzern bestens bekannt. Es ist sogar denkbar, dass sie „für den Fall der Fälle" schon vorher Steine und Baumstämme in den Hinterhalten bereitgelegt hatten. Dies auch deshalb, weil es am Morgarten damals noch keinen Turm und keine Letzinen (Talsperren) gab, zumindest keine aus Stein.

WELCHE ROLLE SPIELTE WERNER VON HOMBERG?

War möglicherweise auch Werner von Homberg am Schlachtplan beteiligt?

Der Historiker Roger Sablonier schliesst dies nicht aus. Homberg war damals Reichsvogt in den Waldstätten und ein erfahrener Kriegsmann. Er hatte Heinrich VII. auf dem Italienfeldzug begleitet und immer wieder Bauern aus den Waldstätten als Reisläufer angeheuert. Zudem stand er im Marchenstreit auf der Seite der Schwyzer (siehe Band 1).

Sieht man sich die Quellen genauer an, muss eine tragende Rolle Hombergs jedoch bezweifelt werden. Bereits Monate vor der Schlacht hatte er sich nämlich den Habsburgern angenähert. So taucht er im April 1315 an der Seite Friedrichs und zahlreicher Habsburgtreuen an einer Steuerverhandlung in Konstanz auf. Im Juni gibt er den Zoll von Flüelen an Johannes von Habsburg-Laufenburg ab, der ihm im Gegenzug die Grafschaft im Klettgau und die Vogtei über das Kloster Rheinau abtritt. Ebenfalls im Sommer 1315 übergeben ihm die Habsburger ihren Hof in Arth und die Vogtei Einsiedeln. Die alte Fehde zwischen Homberg und den Habsburgern war damit wohl endgültig beendet.

18. NOVEMBER 1315, STRASSBURG

In der Schlacht am Morgarten war Homberg nicht dabei, weder auf der Seite der Schwyzer, noch auf derjenigen der Habsburger. Wie auch? Kurz hinein ins Schlachtgetümmel, dann ein kühles Bad im Ägerisee und auf im Galopp nach Strassburg, das über 250 Kilometer entfernt liegt? Um dies zu schaffen hätte er einen Supergaul reiten müssen! Denn bereits am 18. November, also drei Tage nach der Schlacht, verfasst Homberg in Strassburg ein Schreiben an die Urner, in dem er sie – als sei nichts gewesen – über die Modalitäten beim Zoll in Flüelen informiert.

Trotz all dieser Divergenzen muss Homberg als herausragende Figur der damaligen Zeit eingestuft werden: Er war Dichter und Minnesänger, stritt engagiert für sein Rapperswiler Erbe, war Söldnerführer im Dienste des Königs, amtete als königlicher Reichsvikar in der Lombardei und führte als Generalkapitän die ghibellinische Liga, die Königstreuen, an. Als Reichsvogt der Waldstätte förderte er den Weg der drei Länder zur Alten Eidgenossenschaft (oder behinderte ihn zumindest nicht). Zudem hielt er sich möglicherweise bewusst aus der Schlacht am Morgarten heraus. Nach 1315 taucht Homberg in der Politik kaum mehr auf. 1319 war er nochmals in mailändischen Kriegsdiensten aktiv, wo er 1320 ums Leben kam.

EINE BEWUSST GESTELLTE FALLE?

Ob Leopold blauäugig in die Falle tappte? Auch dies ist Gegenstand von Kontroversen. Sicher ist: Leopold wusste, dass alle anderen Zugänge befestigt waren. In Rothenthurm gab es einen Turm und eine talquerende Mauer. Auch in Arth – eventuell auch in Oberarth – hatten die Schwyzer eine Letzi erstellt. Einzig der Weg nach Sattel bot sich als einigermassen offener Zugang an. Leopold wählte diesen Weg wohl auch deshalb, weil auf Grund der topographischen Bedingungen hier kein ideales Schlachtgelände lag. Er war Gefechte gewohnt, bei dem sich zwei Heere auf offenem Feld gegenüberstanden – eine Art Turnier, blutig und verlustreich zwar, aber ritterlich und fair. Dass die Eidgenossen diese Regeln missachteten und mit Steinen, Holzträmeln und Hellebarden aus dem Hinterhalt heraus angriffen, erklärt die Überraschung und die Niederlage Leopolds. Zumindest in diesem Punkt war er tatsächlich blauäugig.

STÖGG UND STEIN

Haben die Schwyzer tatsächlich *stein, stögg und anders den berg ab louffen lassen*, wie der Chronist Johann von Victring um 1340 schreibt? Dass die Eidgenossen zu Beginn eines Kampfes jeweils Steine auf die gegnerischen Pferde warfen, ist aus späteren Schlachten überliefert. In den ersten Morgarten-Bildern, etwa in der Chronik von Diepold Schilling (1474) oder von Johannes Stumpf (1548) sind es vorerst nur handgrosse Steine. Im Laufe der Zeit wurden sie jedoch immer grösser! So donnern im Schlachtgemälde von Ferdinand Wagner am Rathaus in Schwyz riesige Felsblöcke und Baumstämme auf die Habsburger herunter. Es sind solche Bilder, die man heute von Morgarten kennt und die auch die Grundlage unseres Comics bilden.

FUNDE

1909 wurden nördlich des Schafstettenhofes ein Hufeisen, ein Rittersporn und ein Streithammer gefunden. Die „Schwyzer Zeitung" informierte am 11. Februar 1911, dass die Fundstücke gemäss mehrerer Experten aus der Zeit der Schlacht am Morgarten stammten. Die Fotografien der Funde sind im Staatsarchiv Schwyz zu sehen. Die Fundstücke selber sind jedoch auf unerklärliche Weise verschwunden ...

2015 wurde auf Initiative der Wissenschaftssendung „Einstein" erneut nach Relikten gesucht. Und die Archäologen wurden fündig: Im Juni 2015 präsentierten sie der Öffentlichkeit zwei Dolchklingen, mehrere Hufeisen, Sporen, Pfeilspitzen aus Eisen, eine blecherne Messerscheide und eine Gürtelschnalle – alles Funde, die aus der fraglichen Zeit stammen. An derselben Stelle wurden auch Silbermünzen gefunden mit Prägungen des Bistums Basel, der Fraumünsterabtei Zürich sowie der Städte Solothurn und Schaffhausen. Auch sie stimmen zeitlich mit Morgarten überein. Ob sie aber tatsächlich mit der Schlacht zu tun haben, ist offen.

Ein Fund hat die Archäologen jedoch besonders überrascht: ein reich verzierter, eiserner Kästchenbeschlag. Hat einer der Ritter noch sein Schmuckkästchen mit aufs Schlachtfeld genommen?

DER PFEIL DER HÜNENBERGER

Die Legende nach soll Heinrich von Hünenberg den berühmten Pfeil über die Befestigungsanlage bei Arth geschossen haben, auf dem stand: *Hüetend üch uff Sant Othmars Abend Morgens am Morgarten*, was heisst: Hütet Euch am Tag vor St. Otmar (= 15. November) am Morgarten. Der Pfeil ist in der Unterallmeind-Korporation in Arth noch heute zu bewundern, inklusive eines Dokuments mit den Unterschriften mehrerer Zeugen und fünf Siegeln. In der Sendung „Einstein" vom 11. Juni 2015 wurde berichtet, dass das Holz des Pfeils untersucht worden sei und aus der fraglichen Zeit stamme.

KUONY VON STOCKEN

Schellentracht und eine Narrenkappe mit Eselsohren: So erscheint der Hofnarr des Herzogs in zahlreichen Chroniken. Der kleine Mann soll seinen Herrn vor der Schlacht gewarnt haben:

Ihr geratet wohl, wie ihr wollt in das Land Schwyz hinein kommen, jedoch geratet keiner, wie ihr wieder wollt heraus kommen.

Im Klartext: Leopold kann das Land Schwyz problemlos betreten, aber keiner seiner Leute kommt heil wieder heraus. Der Herzog, so die Legende, habe Kuonys Warnung lachend abgetan. Nach der Niederlage habe er sich jedoch an den Rat seines Hofnarren erinnert und ihm einen Wunsch gewährt. Kuony habe sich daraufhin gewünscht, in Stockach – seiner angeblichen Heimatstadt nördlich von Konstanz – alljährlich ein Narrengericht abhalten zu dürfen. Dies soll er 1351 erstmals getan haben. Das Stockacher Narrengericht bezieht sich noch heute auf dieses Ereignis. Alljährlich am „Schmotzigen Donnerstag" tritt es zusammen, angeführt von einem Narren. Doch ein „Narr" war Kuony nicht. Es gehört zwar zur Rolle eines Narren, freche Sprüche und derbe Witze zu reissen, tatsächlich aber stellt die Figur einen intelligenten, gut beobachtenden Menschen dar, der seinem Herrn mit Ratschlägen zur Seite steht. Fladexaver, der Munggenstalder Dorfchronist, hat dies sofort begriffen und war begeistert, als er den berühmten Hofnarren persönlich kennenlernen konnte.

> GEMUNKELT WIRD, ICH HÄTTE TRÄNEN VERGOSSEN, ALS KUONY AN DER SEITE DES HERZOGS AUF NIMMERWIEDERSEHN VON DANNEN RITT. SO VIELE TRÄNEN SOGAR, DASS DER ÄGERISEESPIEGEL NOCHMALS UM MINDESTENS 237 METER GESTIEGEN SEI. DOCH DAS IST EINE ANDERE GESCHICHTE...

ZEITTAFEL

1313 24. August **Der Kaiser ist tot**
In Buonconvento bei Siena stirbt Kaiser Heinrich VII. an Malaria und wird am 2. September im Dom von Pisa beigesetzt. Zwei Thronanwärter bringen sich in Position: Friedrich der Schöne, ein Habsburger, unterstützt von seinem jüngeren Bruder Leopold – und Ludwig der Bayer, ein Wittelsbacher.

1313 29. September **Wer wird neuer König?**
Im Kaiserdom in Frankfurt kommen die Kurfürsten zusammen. Vier stimmen für Ludwig den Bayern, drei für Friedrich den Schönen. 4:3. Damit steht der Bayer als König fest. Doch Friedrich akzeptiert den Entscheid nicht und erklärte sich zum Gegenkönig.

1314 25. November **Doppelkrönung**
Zwei Könige! Dies hatte es in der Geschichte des römisch-deutschen Reiches noch nie gegeben. Und noch nie liessen sich zwei Könige am gleichen Tag krönen: Ludwig standesgemäss im Aachener Kaiserdom, allerdings nur mit nachgebildeten Insignien. Das Szepter, der Reichsapfel, die Krone – alles war falsch. Friedrich hatte zwar die echten Reichsinsignien, doch seine Krönung fand in Bonn irgendwo auf dem freien Feld statt, wie die habsburgfeindliche Chronica Ludovici später schrieb. Friedrich sei auf einem Fass gekrönt worden und danach noch auf einem Kuhfladen ausgerutscht.

1314 6. Januar **Klostersturm**
Die Schwyzer nutzen das Machtvakuum. In der Dreikönigsnacht stürmen sie das Kloster, führen zahlreiche Mönche ab und setzen sie in Schwyz gefangen. Der Abt kann fliehen.

1314 26. März **Mönche werden freigelassen**
Auf Intervention mehrerer Fürstenhäuser werden die Mönche freigelassen. Die Adligen versprechen, die Tat der Schwyzer nicht zu ahnden, eine Abmachung, die man „Urfehde" nennt.

1314 April **Kirchenbann**
Der Bischof von Konstanz spricht den Kirchenbann erstmals gegen alle drei Waldstätten aus.

1314 Mai **Reichsbann und Wirtschaftssanktionen**
Auch die Habsburger reagieren: Sie verhängen die Reichsacht über die Waldstätten und verwehren ihnen den Zugang zum Markt von Luzern. Heute würde man eine solche Massnahme als „Wirtschaftssanktion" bezeichnen.

1314 Juni **König Ludwig der Bayer auf der Seite der Waldstätten**
Die Waldstätten wenden sich an den rechtmässig gewählten König und bitten ihn, den Reichsbann für nichtig zu erklären. Der König kommt ihrer Bitte nach und bestätigt gleichzeitig die Reichsunmittelbarkeit der Waldstätten. Etwas später reagiert auch der Papst und lässt den Kirchenbann auflösen.

1315 **Der „Grosse Hunger"**
1315 kommt es in Europa zu Unwettern und Überschwemmungen. Hunger breitet sich aus. Hunderttausende von Menschen sterben. Am schlimmsten ist es in den nördlichen Teilen Europas, aber auch in der Innerschweiz macht sich der „Grosse Hunger" bemerkbar.

1315 26. Mai **Hochzeit in Basel**
Im Basler Münster findet die Vermählung des Habsburgers Leopold mit Katharina von Savoyen statt.

1315 13. November **Leopold rüstet zur Strafaktion**
In der Nähe der Habsburg zieht Herzog Leopold ein Heer zusammen. Dabei sind Kriegsleute aus den habsburgischen Städten Aarau, Baden, Brugg, Winterthur und Zürich. Auch Ritter von süddeutschen Fürstenhäusern und Adlige wie Graf Friedrich IV. von Toggenburg oder Graf Lütold IX. von Regensberg sind dabei.

1315 14. November **Heerlager bei Zug**
Das Heer schlägt sein Lager bei Zug auf. Kriegsleute aus Zug und Luzern verstärken Leopolds Truppe. Zur gleichen Zeit, so die Legende, schiesst Heinrich von Hünenberg den berühmten Pfeil über die befestigten Mauern von Arth.

1315 15. November **Schlacht am Morgarten**
Herzog Leopold wird vernichtend geschlagen. Als einem der wenigen gelingt ihm zusammen mit seinem Hofnarren die Flucht.

1315 9. Dezember **Morgartenbrief**
In Brunnen unterzeichnen Vetreter der drei Waldstätten den „Morgartenbrief". Er ist erstmals in deutscher Sprache abgefasst und enthält erstmals das Wort „Eitgenoz". Mehrere Passagen wurden aus dem Bundesbrief von 1291 übernommen.

Ab 1332
In der Folge schliessen sich weitere Ort den „Eitgenozen" an:
1332 Stadt Luzern
1351 Stadt Zürich
1352 Stadt und Land Zug
1352 Land Glarus
1353 Stadt Bern

Damit ist der Bund der 8 Alten Orte geschlossen.
Er erweitert sich bis 1531 auf 13 Orte.
Dazu kommen die Städte Freiburg (1481), Solothurn (1481), Schaffhausen (1501), Basel (1501), das Land Appenzell (1513) sowie zahlreiche „zugewandte Orte" wie die Fürstabtei St. Gallen oder die Stadt Biel.
Die Alte Eidgenossenschaft war staatsrechtlich gesehen ein lockeres Bundesgeflecht, das noch stark von den Machtinteressen der einzelnen Mitglieder geprägt war.

GLOSSAR

Armbrust
Auch: Armborst oder Arcabalista; aus Holz gefertigte, bogenähnliche Schusswaffe für eiserne Pfeile oder Bolzen. Wilhelm Tell, der fiktive Held aus Uri, soll ein Meisterschütze gewesen sein.

Habsburger
Die Besitzungen der Habsburger in den Waldstätten waren bescheiden, zumindest was die sogenannte „alte" Linie betraf. Sie hatten nur wenig Landbesitz (u. a. in Gersau und Arth), besassen keine Burgen und verfügten auch über kein flächendeckendes Netz von Vögten. Hier in diesen kargen Bergregionen gab es für die Adligen schlicht zu wenig zu holen. Eine Ausnahme bildete der Erwerb der Stadt Luzern im Jahr 1291, denn Luzern war ein aufstrebender Marktplatz. Die habsburgische Politik richtete sich nicht primär gegen das „Volk", sondern gegen den regionalen Adel, der damals im Niedergang begriffen war.

Habsburg-Laufenburger
Die sogenannte „jüngere" bzw. „zweite" Linie der Habsburger entstand 1232 nach der Erbteilung zwischen den beiden Brüdern Albrecht IV. und Rudolf III. Während Albrecht die „alte" Familienlinie fortführte, die schon bald zu einer mächtigen Königsdynastie aufsteigen sollte, begründete Rudolf III. die weit weniger erfolgreiche Laufenburger Linie. Die Habsburg-Laufenburger waren vor allem in Unterwalden stark präsent und begannen, in Meggen bei Luzern eine repräsentative Burg zu bauen, die dann allerdings nie fertiggestellt wurde.

Hellebarde
Eine aus Eisen gefertigte Kombination von Spiess und Axt. Sie war die wichtigste Waffe der Schwyzer und prägte danach noch lange das Bild der Eidgenossen. Bei der päpstlichen Garde in Rom gehört die Hellebarde noch heute zur Ausrüstung.

Herrschaft Rapperswil
1283 fiel das einst weit reichende Rapperswiler Herrschaftsgebiet an Elisabeth von Rapperswil, die nach dem Tod ihres ersten Gatten den Adligen Ludwig von Homberg heiratete (Werner von Hombergs Vater). Als dieser 1289 starb, verheiratete sich Elisabeth erneut, diesmal mit Rudolf III., einem Habsburg-Laufenburger (siehe oben). Nach ihrem Tod im Jahr 1309 fiel ein Teil des Erbes an Werner von Homberg, darunter auch Gebiete, die zum Kloster Einsiedeln gehörten. Die „alten" Habsburger machten ihm dieses Erbe jedoch streitig. So kam es zu einer Annäherung an die Schwyzer, die mit dem Kloster Einsiedeln und mit den habsburgischen Schutzvögten des Klosters im Streit lagen.

Kleine Eiszeit
Eine Periode kühlen Klimas, das sich ab 1300 langsam bemerkbar machte und im 15. Jahrhundert den Höhepunkt erreichte. Während dieser Zeit traten kalte, lange Winter und niederschlagsreiche, kühle Sommer auf. Die Gletscher wuchsen.

Landammann
Gewählter Vorsteher einer Landsgemeinde, vergleichbar mit dem Bürgermeister in einer Stadt. Der Landamman war gleichzeitig auch Richter und Heerführer. An seiner Seite standen oft mehrere Ammänner als Assistenten.

Mittelalterliche Warmzeit
Periode zwischen 1000 und 1300. Die Baumobergrenze kletterte auf 2000 Meter, Wein und Getreide konnten auch in höheren Lagen angebaut werden, die Bevölkerung wuchs. Danach folgte eine zunehmend kältere Periode, die sogenannte „Kleine Eiszeit", die im 16. Jahrhundert ihren Höhepunkt erreichte.

Reichsvogtei
Beinhaltet das vom König oder Kaiser verliehene Recht, in einem zugewiesenen Gebiet Reichssteuern einzufordern, oft als Dank bzw. Entschädigung für geleistete Dienste. Der Reichsvogt vertritt den König auch bei der Schlichtung von Konflikten und bei der Friedenswahrung.

Söldner
Bis spät ins Ancien Régime stammten die Söldner aus Bauernfamilien. Meist waren es Bauernsöhne um die 20, die den Hof noch nicht von den Eltern übernehmen konnten oder denen ein älterer Bruder vor der Nase sass. Man wurde entweder Knecht, Geistlicher bzw. Laienbruder oder zog in den Kriegsdienst. Da man damit gut verdienen konnte, war dieser Job interessant. Vor allem die Schwyzer und Urner waren gefürchtete Haudegen.

Söldnerwesen
Das Söldnerwesen bildete einen wichtigen Wirtschaftszweig. Werner von Homberg lebte zu einem grossen Teil davon, dass er Söldner aus der Innerschweiz anheuerte. Später stiegen auch Bürger aus der Oberklasse in den Städten ins Söldnergeschäft ein, was bisweilen dazu führte, dass sich auf beiden Seiten in den Schlachten eidgenössische Söldner gegenüberstanden. Erst in der Reformation wurde das einträgliche Geschäft verboten.

Totenliste
Nach der Schlacht am Morgarten tauchen in verschiedenen Chroniken die Namen von gefallenen Habsburgtreuen auf. Darunter sind: Ritter Rudolf von Landenberg und sein Sohn Pantaleon (Adelsgeschlecht aus dem Zürichgau); Graf Friedrich IV. von Toggenburg (Adelsgeschlecht im Toggenburg); Ritter Ulrich von Hettlingen (Stammsitz war die Wasserburg in der Nähe von Winterthur); Rudolf von Bichelsee (Adelsgeschlecht aus dem Thurgau); Johannes Gessler von Meyenberg (Berater und Amtsmann des Herzogs im aargauischen Freiamt). Weiter werden folgende Ritter erwähnt: Johannes von Ottikon, Rudolf von Grünenberg, Hartmann von Stein, Heinrich von Hospental, Cunrad Beroldinger. Es waren *mehr als tausend, die erschlagen wurden*, steht in der Konstanzer Chronik von 1434. *Gar wenig sind lebend wieder heimkommen*, steht in der Chronik „Vadiana". Allein aus der Stadt Aarau seien 45 erschlagen worden, deren Leichen auf einem Schiff in die Stadt geführt worden seien.

Vogtei
Beinhaltete einerseits die Sicherstellung des Schutzes der unterstellten Leute sowie Gerichtsbefugnisse, andererseits die Möglichkeit, Steuern einzufordern.

Im Comic-Band Nr. 3 sind die Munggenstalder in der Schöllenen unterwegs und begegnen dort dem Leibhaftigen

DANK

Wir danken für die fachliche Beratung:
Edgar Gwerder, Projektleiter Morgarten 2015
Pirmin Moser, Gemeindeschreiber von Sattel und Mitglied des OK Morgarten 2015
Marco Sigg, Direktor Museum Burg Zug
Daniel Koster, Historiker, Mitglied Historischer Verein des Kantons Zug
Jakob Obrecht, Archäologe

Wir danken für die finanzielle Unterstützung:
Kanton Schwyz, Bildungsdepartement

Dieser Comic-Band ist erschienen aus Anlass der 700-Jahr-Feier
der Schlacht am Morgarten.

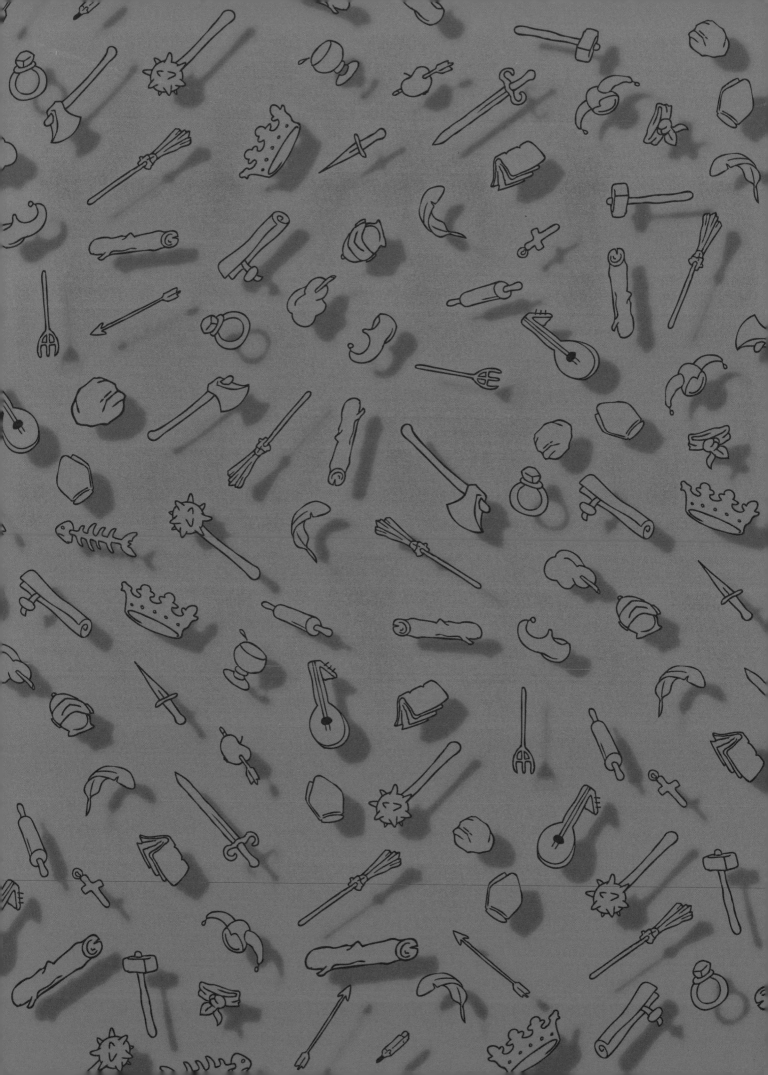